Andreas Knapp

Gedichte auf Leben und Tod

Gedichte auf Leben und Tod

von Andreas Knapp

Mit einem Essay über
Gott und die Welt

echter

Aufbruch

ein gutes Erwachen

bitte enttäusche mich
amputiere meine Illusionen

zerbrich den goldenen Spiegel
bilderstürme mein geträumtes Ich

zerstöre meine Kreise
die sich um mich selber drehen

verschreibe mir eine starke Dosis Wirklichkeit
ich will mich wahr haben

beduine

was bedeuten dir grenzen
dein ist die erde
so weit wie der himmel

die sesshaften
aus ackerlehm geformt
du aber windhauchgezeugt

fußunter kein fester grund
nur der bewegliche sand
ihr wandert gemeinsam

vom sturm getrieben
der von nirgends her weht
und überall hin

der Wanderer

die Unruh der
inneren Uhr
unaufhörlich drängend
geh weiter

Schuhe mehr lieben
als Stühle
Bewegung mehr
als Besitz

unterwegs nur
wächst die Erfahrung
von Menschen
als Gefährten

an kalten Abenden
der Wunsch nach Bleiben
doch der Horizont
lockt lauter

im Sterben längst bewandert
wird der Tod
zum Reiseportal
ins Licht

Labyrinth

verknäuelte Gefühle
verknotete Gedanken
verflochtene Gespräche
verschlungene Gebärden

zähme das Irrgeheuer der Angst
das im Wirrweg lauert
ein Faden goldseiden
führt freiend ans Licht

vorwärts als rückwärts
nach außen endet innen
Leben läuft nicht logisch
auf Umwegen sucht dich dein Ziel

getragen

vom urozean im uterus
auf den armen der mutter
im väterlichen huckepack
vom wärmekissen des vertrauens
im höhenflug einer liebe
durch den auftrieb des gebets
von den wellen des erfolgs
vom applaus der menge
auf der bahre der sanitäter
von den schultern der bestatter

heimatlos

aus muttererdiger Wärme
vertrieben
durch die Geburt

aus dem Land der Väter
vertrieben
durch zahllose Pubertäten

aus der Umarmung der Liebe
vertrieben
durch Enttäuschungen

irren wir
von Exil zu Exil

bis uns der Tod
sein Asyl gewährt

unterwegs

Leben in der Großstadt

vom Häusermeer schier verschlungen
Wellen von Lärm branden heran
schlagen kopfüber zusammen

in den Gezeiten des Verkehrs
die Leuchttürme auf rot
inmitten das Blaulichtgeheule

endlich grüne Welle
doch man ertrinkt in Smog und Ozon
freie Fahrt für den Lungenkrebs

die City wie eine Insel
verkehrsberuhigt zu Kathedralen des Konsums
save our souls

beim Bad in gedrängter Menge
zu viele mit Schuhen bewaffnet
weh den Barfüßern

nur nachts das Lichtermeer
verzaubernde Erinnerung
an ferne Sternenhimmel

Neapel sehen

und sterben
am arteriellen Verkehrsinfarkt
am tutti hupender Blechinstrumente
an der Altersschwäche der Antike
am überhöhten Lärmpegel
an virulenter Camorra
an einer Überdosis Ozon
an der bleihaltigen Luft
am kranken Gesundheitssystem
am chronischen Ärztestreik
an der Weißglut des Vesuvs

wir sterben doch alle
sehenden Auges
an der Wirklichkeit

römische Campagna

in ihrem Landhunger
frisst die Stadt
den Schafen das Gras weg

opus reticulatum
alter Ruinen
neben denen der Zukunft

Wildwuchs der Zersiedlung
Zäune scharf wie Rasierklingen
und blutende Blicke

nachts heulen die Hunde
in ihren Kehlen
die Angst ihrer Herren

Grenzfälle

Bari und Gibraltar
die Meerengen verführen
gleich singenden Sirenen
nachts setzt man über
die nackte Not im Nacken
am Morgen aber stinken
die schwarzen Leichen am Strand
Menschen finden den Tod
anstelle gelobten Landes

höher noch als Wogen
türmen sich Europas Grenzen
die einst als Kolonisatoren
die ganze Welt besetzten
reden heuchlerisch von Recht
und zementieren ihre
papiernen Grenzen

brücke in prag

mitten durch die
längst entgoldete stadt
immer noch der wissende fluss
auf dessen grund
schwerer noch als gold
ein hinabversenktes schweigen ruht

vor lauter angst
zittert die steinalte brücke
unter tausend tritten
hinüber und schon wieder zurück
markt der käuflichen erinnerungen
ohne innehalt und blick ins tiefe

lautlärmiges gewühle
die rubel müssen rollen
das neue gold gilt nicht mehr gott
schweigen ist bezahlbar
die brücke führt schon längst
nicht mehr ins jenseits

rückbau

platte um platte
im kartenhausspiel
abgelegt und bäume
aus dem boden
gestampft die
renaturierung der
gefühlslandschaft aber
beansprucht generationen

Titicaca – der heilige See

Inseln erheben ihr Haupt
schwimmende Tempel
Gebete zu Stein erstarrt
ein Flüstern kräuselt
das erhabene Wasser
die Sonne wirft ihre Glut
in das kalte Blau

Berge als Wächter
aus ewigem Eis
uferwärts dampfen
fließend rote Altäre
Mensch und Lama
schreiten willig in den Tod
Opfersein ist eine Ehre

Gotteskrieger traten
aus dem Sonnenaufgang
die neuen Herren fordern neue Opfer
Blutöfen schmelzen
das Gold aus den Adern
den neuen Göttern aber
ist kein Opfer mehr heilig

Silberminen in Potosí

welcher Dämon hat dem Menschen
die Gier nach immer mehr
ins Herz gesät
herausholen was
das Zeug hergibt
aus den Stollen
aus den Adern
aus den Menschen
auf Teufel komm raus

kein Silberfaden führt
aus dem Labyrinth
von Stein und Staub
hinter jeder Biegung aber
lauert ein Teufel
auf neue Opfer

Markt in Cochabamba

in satte Farben gekleidet
eine kauernde Indiofrau
mit ergrautem Gesicht

auf der bunten Decke ausgebreitet
eine Handvoll Kartoffeln
und vergilbte Kamillen

sie verkauft ihr Nichts
und bietet mit hohler Hand
ihre Leere feil

wenn man doch nur
seinen Hunger verkaufen könnte
doch den haben hier schon zu viele

perspektivenwechsel

alles ist doch hinsichtlich
der welten gibt es viele
jeder eignet eine anschauung

einfahrt in die fremde haut
im durchblick seiner brille
entdeckung einer neuen welt

im wechselblick
vom täter zum opfer
umsturz der augen

bis zur innenansicht
von gefängnis und krankenbett
oder einem sarg

Telepathologie

zapp dich durch die altbekannten Krisengebiete
am anderen Ende der Welt
wenigstens die Chips sind frisch
wetten dass

Großraumwagen als Megatelefonzelle
Handygeklingel stört ständig
die Arbeit am Laptop
bitte nicht mit den Anwesenden sprechen

internette Beziehungen
auf unterkühltem Bildschirm
kurz die message gemailt
wie geht's

der Briefträger klingelt
ob die Nachbarn verzogen sind
wie hießen die
doch gleich

wahrheitssuche

lebenslänglich auf wanderschaft
dornenpfaden folgend
der nackten wirklichkeit entgegen

wahrheit ist kein faktum
nichts gemachtes
nur sich selber gebend

nicht der spiegel
zeigt mich wirklich
deine augen aber

wahrheit hat
hand und fuß
und ein gesicht

der 11. September

hells angels am Himmel
im Namen Allahs
die Hölle kommt von oben

Intimkontrollen am Terminal
im Namen der Sicherheit
die Angst aber kommt über den Wolken

Bushkriege selbst in der Wüste
im Namen der Menschenrechte
die Demokratie kommt mit Feuer und Schwert

Kreuzzüge den Pipelines entlang
im Namen der Befreiung
doch was kommt danach

diktat

sie wollen sich immer auch
der sprache bemächtigen
bestimmen die parolen
beanspruchen definitionshoheit
gleichschaltung der worte
die begriffe aber verenden
unter der folter der sprachschergen
zurück bleiben hülsen leer
und totgedroschen seelenlose
kadaver nur ein geflügeltes
wort lässt sich die federn nicht
stutzen überwintert selbst
tausendjährige lüge und seine
rückkehr weckt frühling
freiheit

Begegnungen

Begegnung

von vorn
durch das Auge
in die Brust

dein Blick
trifft mich innen

durchbohrt
werde ich lebendig

gesichtet

manchmal
mein gesicht eine totenmaske
hinter der tönernen larve
rinnen tränen ins ungesehene
kein künstliches image ersetzt
ein verlorenes gesicht

manchmal
mein gesicht ein buch
falten als bewegliche lettern
mit dem bleisatz der trauer
beschriebenes blatt
wer kann es lesen

manchmal
mein gesicht ein gedicht
vielsagendes ungereimt
alles bleibt offen
im undurchschaubaren
sprechender augen

manchmal
mein gesicht ein spiegel
in dem sich dein lächeln
einwurzelt und fortzweigt
denn liebe zeugt sich
von angesicht zu angesicht

der fremde

am eiligen weg
saß einer
und kein vorbei
vom gesichtskreis gebannt
durch augen aufgehalten
in pupillen eingefangen
magnetpol DU
im augen-blick
alle fragen
aller hunger
alle sehnsucht

verwirrt
reiße ich mich los
gehe aus seinen augen
doch wohin
weiß ich nicht mehr

eisenbahnstraße

schienen laufen
kreuzquer zusammen
orientcafe internet-ional
die welt ist hier
nicht nur zu gast
und längst nicht
bei freunden
fremdländische früchte
globalisieren die schaufenster
von der moschee im hinterhof
reicht der gebetsruf bis
in den ummauerten himmel
sprachverworrenes gebabel
nicht das wort
der blick nur
versteht

Straßenkind

wie vom Winde gezeugt
Flugsamen flüchtiger Väter

vorgeburtliches Waisenkind
nabellos in die Welt gesetzt

die plaza als Kinderstube
der Daseinskampf als Klassenlehrer

man putzt an dir die Schuhe ab
in der Bande bist du endlich wer

was heißt hier Droge
die Kälte ist unerträglich

das frühe Grab
dein erster fester Wohnsitz

Kinderhaut

unendlich verwundbar
entsetzlich verletzlich
barfuß am ganzen Leib
maskenloses Gesicht
ohne Schutzschild
kein Mantel der Verstellung
nur zarteste Hände dürfen berühren
und tödlich
der Pfeil des Misstrauens

Frühstücksgedanken

wie eine Mauer
die Zeitung
hinter der du dich verbirgst
hauchdünn das Papier
und doch ganz undurchdringlich

ich aber würde gern
in deinen Augen lesen
was in deiner Welt geschieht
von Krieg und Frieden in deiner Seele
den Wetterbericht mit deinen Hochs und Tiefs
und schließlich würde ich so gern
das Rätsel lösen
das sich in deinen
Stirnfalten versteckt

annäherung an die wirklichkeit

nicht durchblicken
sondern anblicken

nicht im griff haben
vielmehr ergriffen sein

nicht bloß verstehen
auch zu dir stehen

nicht durchschauen
einfach nur anschauen

so werden wir wirklich
wir

passwort

jeder mensch
ein verwunschener turm
von sich selber
hinter schloss und riegel gebracht
bewegungsmelder lösen alarm aus
komm mir nicht zu nah
unübersehbar das warnschild
vorsicht bissiger mensch
keine brechstange
kein raffinierter dietrich
nur ein schlüsselwort
sesam öffne dich
zärtlich gesprochen
DU

vielleicht entriegele ich
die sperrkette der angst
und aus dem spaltbreit
ein leises willkommen

du

das unsichtbare
in deinem gesicht

das unerhörte
in deinem wort

das unbestimmbare
an deinem geschmack

das unbegreifliche
auf deiner fingerspitze

das unvergleichliche
an deinem duft

du
mein geheimnis

immer weiter

und wieder eine Stunde meines Lebens verflossen

3600 Sekunden
3268 Pulsschläge
1417 Atemzüge
270 kcal Energieverbrauch
180 Akkordstücke am Fließband
9,20 Euro Stundenlohn
60 Minuten todesnäher
kaum etwas Produktives
wirres Zeug in meinem Kopf
Mattscheibe der Gefühle
wenigstens einmal aber
an dich gedacht
darin zum Glück
das Bleibende berührt

vergänglich

mit Diamantschneidezähnen
zernagt das Ungeheuer der Zeit
die verewigten Pyramiden mitsamt
ihren einbalsamierten Bewohnern
Reißwölfe zerfetzen
Geburtsurkunden und Testamente
Wind mischt Schnipsel und Staub
zu einem schmerzenden Nichts
und am Ende der letzte Atemzug
vor der Nase abgefahren

Regeln für Realpräsenz

wir haben mit dem Leben
keinen unbefristeten Vertrag
Zeit schenkt sich nur
von nun auf jetzt

vertreibe deine Zeit doch nicht
und schlag sie auch nicht tot
gleich einer Fliege die belästigt
zerpflücke nicht den Tag

nutze die Zeitfenster
zum stillen Schauen
geistesgegenwärtig
bewohne deinen Leib

übergehe nicht die Rose unterwegs
bleib stehn und atme ihren Duft
nur der Augenblick ist wirklich
wann lebst du wenn nicht jetzt

zeitliche herrschaft

alles will doch seine stunde
denn jedes geschehen unter der sonne
hat ein recht auf eigenzeit

der bär hat anspruch auf den winterschlaf
der apfel auf die zeit zum reifen
und der mond auf seinen zyklus

nur der mensch plant liebe
nach der zeitenwahl
und kinder auf abruf im kalender

wegen wochenendes werden
geburten früher eingeleitet
oder hormonal verschoben

kinder mit terminen gemästet
wissen nichts mehr
von der zeitvergessenheit des spiels

alte menschen wollen krampfhaft
immer länger jünger bleiben
mit frischzellkuren in der schönheitsfarm

und je nachdem
wird der tod hinausgezögert
oder noch beschleunigt

o ihr zeitlichen
warum raubt ihr denn
den dingen ihre stunde

schnell schnell

Sturzgeburt
Nabelschnur ab
fertig los

das Leben läuft auf Zeit
zügig transrapid
die Stechuhr in der Herzgegend

erhöhtes Tempo bei der Arbeit
dalli dalli beim Konsum
Fastfood im McDrive

die Sanduhr auf dem Bildschirm nervt
Beziehungen im e-mail-Stil
das Gespräch durch SMS ersetzt

Eildurchlauf selbst in der Freizeit
die innere Stoppuhr tickt
zeitbombig

das ganze Leben hochbeschleunigt
wird auch gestorben
den Fuß noch auf dem Gaspedal

nur die Verwesung
lässt sich dann
verdammt viel Zeit

verblasstes Klassenbild

Erinnerungen in schwarz-weiß
das staubschluckende Album
unerreichbar weit oben

die gemeinsame Schulbank
löchriger Holzwürmerfraß
blass bleibt alle Nostalgie

Schwindsucht der Gefühle
die erste Liebe glutleer versunken
hinter dem Horizont des Vergessens

die Rückholaktion
vergangener Freundschaft
verläuft gegen den Sand

es war mein letzter Besuch

kannste vergessen

wenn ich's nur könnte
doch das Schmerzlink
festgeplattet unauslöschlich
Wiederholungstäterin Erinnerung
die Bleikugel aus
unverdauter Vergangenheit
ans Bein gebunden
humpeldipumpel
durch das versteinerte Flussbett
der Styx ausgetrocknet
Klimakatastrophe Tränenlosigkeit
ewiges Wandern
über verblutende Straßen
im kreuzqueren Land
des Nichtvergessens

Gravitation

schwer
das Aufstehen am Morgen
im Widerstand gegen
die Gesetze der Erdanziehung

schwer
das Bleigrau der Gefühle
alles Dunkle zieht
nach unten

schwer
das Eigengewicht des Ego
und kein Du
beflügelt

schwer
fällt der Tod
wie ein Stein aufs Herz
im letzten Pulsschlag

melancholie

das tagwärts gesehene
vergraut im blassenden licht
schwindender stunden

fröstelnd weht
der schleier der trauer
über ungelebtem farbenspiel

zwischen wachsenden schatten
siecht der unvollendete tag
schwermütig dahin

ausgeglühte träume
versinken ermattet
hinter dem vorhang der zeit

im ersten stern aber
eine ferne glut
leisester hoffnung

alt werden

dem Tod
so lange
entgegengehen
müssen
bis ich ihn
wie einen Freund
erwarte

extravagant

alles muss doch
immer ganz besonders sein
nur keine massenware
all very special

exklusive sonderfertigung
und einzelunterricht
zugeschnittenes studienprogramm
maßarbeit im maßanzug
individuelle bedienung
für den persönlichen geschmack

der tod aber
der große gleichmacher
und der sarg
null acht fünfzehn

halbherzig

am liebsten
mit Vollgas ins Leben
die Handbremse aber
noch angezogen

über beide Ohren
heiß verliebt
der Kopf bleibt
dennoch cool

mit dir
das Leben teilen
unangetastet jedoch
die eiserne Reserve

standesamtlich
mich versprochen
in Teilzeit freilich
und auf Widerruf

dem Tode nah
bereit zu sterben
aber bitte nur
ein bisschen

an den Grenzen

Niemandsland

woher du kommst
keiner erinnert sich an dich
wohin du gehst
keiner erwartet dich dort
du findest deinen Platz
zwischen den Stühlen
doch nur für eine Nacht
die Schlagbäume spenden keinen Schatten

so wanderst du weiter
von Welt zu Welt
um einen Ort zu finden
wo der Postbote dich kennt
und den unvollständig adressierten Brief
lächelnd bei dir abgibt

jenseits von hammer und sichel

nach dem abgedank
der arbeiter- und bauernmacht
endlich freiheit

und neue ohnmacht
arbeitslose als bauernopfer
im gewinnspiel der großen

wieder werden ketten
geschmiedet und schnitter
ernten für andere

die letzte freiheit

die berufswahl erzwungen
der freie markt diktiert

schwindel im kaufrausch
durch werbung suggeriert

die stimme in die urne
im vierjahrestakt manipuliert

was sich wie liebe anfühlt
hormonell determiniert

gedankengänge in gehirnwindungen
von genen programmiert

im letzten hauch von freiheit
über die zwänge lamentiert

die Gedanken sind frei

Theorien der Hirnforscher
behaupten beharrlich
die Idee der Freiheit
sei pure Illusion
ein Strom in den Synapsen
eine biochemische Reaktion
ein Hirnprodukt
und weiter nichts

die Theorie der Hirnforscher
ist freilich auch nur
eine Idee im Gehirn
eine Illusion von Illusionen
ein elektrisches Strömchen
ein bisschen Chemie
ein Hirngespinst
und weiter nichts

einsam

die schnur
durchschnitten
geburt macht einsam

umarmungen gehen
nicht bis unter die haut
kussmund ins leere

mitternachts erwacht
da träumt niemand
neben mir

urschrei nach liebe
hohles echo
und kein ohr

zwischen den zwillingen
einsamkeit und tod
eingezwängtes ich

trauer

wie ein schatten
dunkle verfolgerin
an die fersen geheftet
dich loswerden
dich loswerden
dich loswerden
oder bist du meine freundin

im Gegenlicht

spring nicht über deinen Schatten
    du brichst dir das Genick

lauf vor deinem Schatten nicht davon
    er hetzt dich zu Tode

starre deinen Schatten nicht an
    er hat kein Gesicht

wirf dich auf deinen Schatten
    umarme ihn

dann wird er sich an dich schmiegen

besitzansprüche

dein pass gehört dir nicht
deine heimat gehört dir nicht
dein haus gehört dir nicht
dein mann gehört dir nicht
dein kind gehört dir nicht
dein freund gehört dir nicht
deine zeit gehört dir nicht
dein leben gehört dir nicht
dein gott gehört dir nicht

wenn dir aber
nichts gehört
so frage dich
ob du jemandem gehörst

aus der traum

der traum vom paradies zerschellt
wie ein gläsernes schiff
am riff der wirklichkeit

schau wie schön
ein glassplitter leuchtet
wenn du ihn in die sonne hältst

rette doch eine kristallene scherbe
aus den trümmern deiner träume
an das ufer der ernüchterung

zerbrochene Brücke

gewagt war er immer
der Bogen an dein Ufer
überspannte Erwartungen
zersplitterte Beziehung
die Scherben schneiden
von innen ins Fleisch
meine Worte fallen
in den gähnenden Abgrund
zwischen uns
und füllen doch
die Kluft nicht auf
auch mein Blick fällt hinunter
und zerschellt
Gefühle irren ins Leere
meine bettelnde Hand
reicht nicht mehr hinüber

entfremdet

Frostnacht fiel zwischen uns
wir sind auseinander gedriftet
und leben jeder für sich
auf zwei entferntesten Sternen
in der Eiswüste des Universums

dabei war es doch erst gestern
dass unter verschwiegenem Mond
Gefühle Hand in Hand gingen
Liebe ließ uns verschmelzen
wie ineinander stürzende Sonnen
Supernova der Innigkeit

welche Fliehkräfte haben uns
so voneinander weggeschleudert
oder reisen wir am Ende
auf geheimen Bahnen wie Kometen
die in fernen Lichterjahren
von unsichtbarer Hand gelenkt
uns wieder neu zusammenführen

memento mori

allgegenwärtig
ist mein tod
mit der geburt
ist auch mein todesurteil
schon gefällt
die exekution kann sich
verzögern je nachdem

metastasen des todes
wuchern in jeder zelle
ich trage mein skelett
bereits mit mir herum
das verfallsdatum
ist dem genom schon eingestanzt
und die deadline aktiviert

alle meine uhren
laufen auf stillstand zu
countdown der sekunden
kalenderblätter fallen ins lautlose
wohin ich auch gehe
ich stehe immer schon
mit einem bein im grab

todsicher

jedes leben
vorgeburtlich schon
todinfiziert

die dunkelziffer
menschlicher sterblichkeit
tendiert gegen hundert prozent

wir fürchten den allmächtigen tod
den verschlinger von
himmel und erde

von atemzug zu atemzug
stirbt mir mein leben
unter der hand weg

meine zeit
eine zwangsjacke
täglich enger

wer könnte sein leben versichern
der tod ist der einzige
sichere erlebensfall

requiem

immer schon
sitzen wir im wartezimmer des todes
der nächste bitte

niemand ist dir treuer
als dein tod
er vergisst dich nicht

und wenn er über dich kommt
schließ die augen
wie zum kuss

lass dich in seine arme sinken
wie eine untergehende insel
in den rausch der wogen

wohin du gesunken bist
reicht kein licht hinab

selbst die liebste kann
nicht zu dir hinuntertauchen

was wissen wir lebenden denn
von den untiefen des todes

oder ruhst du
im grunde

Entgrenzungen

über alles hinaus

an unseren grenzen
leiseste ahnung
vom jenseits der mauer
nur ein größeres
kann alles umfassen

begriffe greifen
immer zu kurz
im unaussprechlichen
der anspruch
des unsagbaren

alle welt
unzureichend
den wehgrund zu füllen
nach jedem abschied
klaffende herzhaut

unauflösliche fragen
salz in offene wunden
chronischer schmerz
als fuß in der tür
zu unbekannter hoffnung

homo ludens

schwerelos
und ernst zugleich
im unbeschwerten Spiel

ohne Zweck und Zwang
aus reiner Freude
an der Freude selbst

kinderleicht tanzend
auf einem Sonnenstrahl
Schmetterlingsland

spielerisch
gespannt und gelassen
gefesselt und gefreit

die Welt ringsum
völlig vergessen
sogar sich selbst

ganz versunken
und ganz da
o göttliches Spiel

zufall

glückspilz oder pechmarie
du purzelst durch die trommel
der großen weltenlotterie
aus atomen und planeten

kugeln rollen und fliegen
greif die bälle auf
die das leben dir zuspielt
wirf sie weiter

vielleicht hat gott
auf dich gewettet

Rückhalt

wenn die Metro beschleunigt
in die Kurven jagt
und plötzlich abbremst
du brauchst einen Halt
doch nicht am Nachbarn
greif zum Haltegriff
nach oben

wenn das Leben davoneilt
ein Zyklon dich durchwirbelt
und plötzlich ausbremst
du brauchst einen Halt
doch nicht am andern
denn Halt findest du
nur oben

und wenn du dich
doch am Nachbarn
halten musst
versichere dich zuvor
ob zumindest er
einen Halt hat
von oben

loslassen

die verkrampften hände loslassen
raum geben für Dich
ein bild ohne rahmen
damit Du wachsen kannst
kein geträumtes glück
sondern Du
wirklich werden
meine ängste loslassen
meine wünsche loslassen
mich selber loslassen
und fallen
in Deine arme

Leben

es wird dir gegeben
und wieder genommen

dieses Gesetz
gilt für alles

vielleicht sogar
für den Tod

umkehrschluss

wenn man schon
mitten im leben
tot sein kann
erstarrt und verknöchert
völlig abgestorben

warum sollte man dann
mitten im tod
nicht lebendig werden können
aufstehen und sich bewegen
wie neu geboren

vom nicht machbaren

wovon du wirklich lebst
was dich im tiefsten nährt
schenkt sich dir freigiebig
wie von selbst

der zauber des abendhimmels
die leise erwachenden sterne
die hand auf deiner schulter
das wort das für immer gilt

setz dich in des baumes schatten
du brauchst den apfel
nicht zu pflücken
er fällt dir in den schoß

nie und nimmer verdient
doch zu gegebener stunde
zugespielt von
himmlischen händen

gratuité

oft
musste ich
kämpfen
völlig
umsonst

immer aber
darf ich
leben
vollkommen
umsonst

Glück

ein Atemzug Paradies
eine Sternschnuppenlänge Seligkeit
ein Augen-Blick in deine Augen
ein Sonnenstrahl auf meiner Wange
ein Wasserfallhauch auf meiner Haut
eine Sekunde Ewigkeit

Meldebogen für die Bewohner von Eden

geboren:	frei
Adresse:	bei sich selbst daheim
Nationalität:	Kosmopolit
Flagge:	nicht nach jedem Wind
Tätigkeit:	selbstständig
Familienstand:	einander eine Hilfe sein
Religion:	mit Gott auf du und du
Erscheinungsbild:	innere Größe
Passfoto:	Gottebenbild
Fiskalische Bemerkungen:	Steuerparadies

Gott und die Welt

Der Mensch ist das Wesen, das Fragen stellt. Faultiere und Esel sind völlig fraglos einfach da. Nicht einmal der Affe rätselt darüber nach, warum die Banane krumm ist. Der Mensch aber stellt sogar die Frage nach der Krümmung des Raumes. Schon von Kindesbeinen fängt der Mensch an, kluge und auch seltsame Fragen zu stellen: Warum ist die Erde rund? Stehen die Leute auf der anderen Seite des Globus auf dem Kopf? Warum fällt die Weltkugel im Kosmos nicht nach unten? Gibt es Wesen, die so groß sind, dass sie mit dem Erdball spielen könnten? Nach welchen Spielregeln funktioniert der Kosmos und das Leben? Hat dieses Spiel einen Sinn und nimmt es ein ‚happy end'?

Mit dem Fragen sind wir bei einem Ausgangspunkt aller Religionen und jeder Philosophie angelangt. Der Mensch begnügt sich nicht mit dem, was ist. Er will auch wissen, warum es so ist, ob man es ändern kann und – überhaupt ... Der Mensch als das fragende Wesen sucht mehr als das nackte Überleben. Er fragt nach dem glücklichen Leben, nach einem Sinn des Lebens und schließlich nach einem Leben nach dem Tod. Die Welt allein genügt dem Menschen nicht. So fragt er danach, ob es noch „mehr" gibt als alles, was die Welt ihm geben kann. Auf diese Urfrage des Menschen gibt es im Grunde nur zwei Antworten: die religiöse Deutung der Welt oder die Annahme, dass es über unsere Welt hinaus nichts mehr gibt. Diese zweite Sichtweise entlarvt die Frage nach einem „mehr“ daher als ein falsches Bewusstsein. Der Mensch ist von der Evolution zum Irr-Sinn programmiert worden und muss zwanghaft nach etwas suchen, was es nicht gibt. Die religiöse Weltdeutung dagegen deutet die unausrottbare Suche nach Sinn als Hinweis, dass ein solches „mehr“ tatsächlich existiert.

Angenommen, es gibt eine göttliche Macht: Wie ist das Verhältnis von Gott und Welt dann zu denken? Die Welt ist das uns nahe Liegende und Bekannte, Gott dagegen die große Unbekannte in der Gleichung. Die Aufgabenstellung lautet: Wie kann diese Gleichung gelöst werden? Schauen wir uns die verschiedenen religiösen Weltdeutungen in einem holzschnittartigen Durchgang etwas näher an.

Eine mögliche Verhältnisbestimmung lautet:
Gott = Welt. Alles, was ist, ist zugleich auch Gott. Die Naturreligionen gehen von einer solchen Einheit Gottes mit der Welt aus. Das Göttliche ist ganz natürlich und das Natürliche ist göttlich. Was in Natur und Geschichte geschieht, ist letztlich ein göttliches Schauspiel. Man begegnet Gott oder den Göttern im Feuer und im Sturm, in der Küchenschabe und in der Kuh. Auch der Mensch ist ein Moment im heiligen Universum und muss seine Rolle im göttlichen Welttheater spielen, in dem Drehbuch-Schreiber, Regisseur, Schauspieler, Bühne, Off und Zuschauer letztlich identisch sind. Gott spielt sich in der Welt selbst etwas vor, er entwickelt sich, er lebt und stirbt mit der Welt. Die Welt ist eine ohnmächtige Widerspiegelung dessen, was sich im göttlichen Bereich abspielt.

Die buddhistische Weltsicht ist ein Sonderfall religiöser Weltdeutung. Die Gleichung wird dadurch aufgelöst, dass die Seite der Welt mit Null gleichgesetzt wird. Die Welt ist ein leerer Schein, eine rein virtuelle Veranstaltung, ein bloßer Bluff. Als Konsequenz der Gleichung: Welt = 0 wird auch das Göttliche annulliert. Die Frage nach einer göttlichen Macht kann nicht beantwortet werden und ist daher letztlich auch uninteressant. Es bleibt das Nirvana als Chiffre für das nicht wissbare Nichts. Mit Hilfe von Meditation kann der Mensch dem Illusionstheater der Welt entkommen. Wenn aber die Welt null und nichtig ist, dann wird auch das Ich des Menschen, der den schönen Schein durchschaut, zur Illusion. Was bleibt noch, wenn sich der Zuschauer selber als reine Show durchschaut? Ein Fenster zu durchschauen, um nach draußen zu sehen, ist sinnvoll. Aber wenn man auch den Garten draußen durchschauen würde und immer so weiter, gäbe es am Ende nichts mehr zu sehen. Somit gilt für den Buddhismus in letzter Konsequenz: Wer alles durchschaut, sieht nichts mehr. (C. S. Lewis) Der Sehende selber verschwindet und alles Denken und Handeln, alle Begriffe und Theorien münden in das Meer des großen Schweigens.
Einen ganz anderen Klang hat die Welt in den monotheistischen Religionen: Die Welt ist „Schöpfung Gottes" und daher von ihrem Ursprung und Ziel her mit einem positiven Vorzeichen versehen. Die endliche Welt verdankt sich einem unendlichen Ja. Das Begrenzte gründet in einer unbegrenzten Wirklichkeit, die „Gott" genannt wird.
Wie aber kommt der Mensch auf diesen Gott? Gott

und Welt sind doch so grundverschieden, dass der beschränkte Mensch vom unfassbaren Gott weder wissen noch zu ihm in Beziehung treten kann. Die Wirklichkeit Gottes ist für das kleine Computerhirn des Menschen völlig inkompatibel, so dass auf dem Bildschirm nur unleserliche Hieroglyphen von der Art chinesischer Buchstaben erscheinen.

Entgegen dieser Skepsis vertraut der Schöpfungsglaube darauf, dass die Welt so etwas ist wie ein Liebesgedicht in einer verschlüsselten Sprache. Denn Gott hat die Welt aus Liebe geschaffen. Alles, was ist, verdankt sich der Zuwendung Gottes, der Welt und Mensch ins Dasein ruft. Mit Hilfe seiner Vernunft kann der Mensch den Ursprung und den Sinn der Schöpfung erahnen. Doch dieser Gedankenschritt bleibt immer noch fragwürdig: Interpretiert der Mensch einen tieferen Sinn in diese Welt nur hinein, so wie Hellseher in eine abgekartete Kombination von Spielkarten etwas hineinlesen? Oder ist in der Welt und im Leben des Menschen tatsächlich ein geheimer Sinn verborgen, den man herauslesen kann? Wie ist das Gedicht der Welt richtig zu interpretieren?

Hier melden sich die drei großen Offenbarungsreligionen zu Wort. Sie behaupten, dass sich der göttliche Dichter höchstpersönlich äußert, um dem Menschen die Welt zu erklären. Warum sollte nicht auch der Dichter sagen können, was er mit seinem kreativen Einfall eigentlich ausdrücken wollte? Die Offenbarungsreligionen gehen also davon aus, dass Gott selber eine Brücke über den garstigen Graben geschlagen hat, der ihn von der Welt trennt.

Für das Judentum ist Gott in gewisser Weise Weltgeschichte geworden. Gott hat sich in der Welt schöpferisch ausgedrückt. Wie sich in jedem Kunstwerk eine Spur des Künstlers findet, so auch in der Schöpfung die Handschrift des Schöpfers. Gott spricht durch die Blume und zeigt sich in der Geschichte. Die jüdische Weisheit erzählt von einem Mann, der einem Gottesgelehrten anbietet: „Ich zahle dir einen Gulden, wenn du mir sagst, wo Gott ist.“ Darauf erwidert der Gelehrte: „Und ich zahle dir zehn, wenn du mir sagst, wo Gott nicht ist.“ Gott ist also in seiner Welt präsent und vor allem in der Befreiungsgeschichte seines Volkes erfahrbar. In dieser Linie geht der Islam noch einen Schritt weiter und sagt: Gott redet wie ein Buch. Ja, in gewisser Weise ist Gott Buch geworden und an dessen unbewegliche Lettern hat sich der Mensch zu halten. Der seit Ewigkeiten schon in Gott archivierte Koran wird dem größten und letzten Propheten diktiert. Dieses Buch aus der himmlischen Schreibstube ist eine Art intimes Tagebuch Gottes, für das der Islam die Exklusivrechte besitzt. Der Koran ist die authentische Autobiographie Gottes und an den vorgeschriebenen Buchstaben gibt es nichts mehr zu rütteln.

Die christliche Variante einer Brückenkonstruktion zwischen Gott und der Welt ist die unglaublichste und radikalste: Gott selbst wagt höchstpersönlich den Schritt über den Abgrund, um sich ganz auf die Seite des Menschen zu schlagen. Im Gegensatz zu den östlichen Religionen, in denen der Mensch aus dem Leidensrad der Wiedergeburt (Reinkarnation) aussteigen muss, verkündet das Christentum die Menschwerdung Gottes (Inkarnation): Gott steigt in die leidvolle Welt ein und ist in Jesus Christus Mensch geworden. In ihm erklärt Gott nicht nur sein Gedicht. Er erklärt sich selber. Und damit wird auch klar, wie der Mensch eigentlich gedacht war: Das wahre Bild vom Menschen nennt die Bibel das Ebenbild Gottes. Gott hat eine Idee von dem, wie der Mensch eigentlich sein sollte. Dieses Ebenbild ist in Jesus Christus Fleisch und Blut geworden. Es ist umgekehrt wie beim Fotografieren. Dort hat man einen wirklichen Menschen vor sich und hinterher ein Bild. In Gott aber war zuerst das Bild da, nach welchem er den Menschen erschuf und das am Ende sogar in einem konkreten Menschen aus Galiläa Fleisch wurde. Im Blick auf Jesus von Nazareth wissen wir also, wie das Urbild des Menschen aussieht und wie wir eigentlich sein sollten: liebesfähig und frei, vertrauensvoll und geschwisterlich, mit Gott und den Mitmenschen auf Du und Du.

Durch den Blick auf Jesus Christus wird in allen Menschen die Ahnung wach, die tief in ihnen schlummert. Sie spüren, wie sie sein könnten und sollten. Jeder Mann und jede Frau kann erahnen, dass er oder sie wie Jesus auch ein Kind Gottes ist, geliebt und von Gott gewollt.

Liebe will den anderen beschenken. Kleine Geschenke erhalten die Freundschaft und erinnern an die Geliebten. Die Erinnerung an eine Geschichte wie im Judentum oder das Geschenk eines Buches wie im Islam sagen dem Menschen etwas von der Liebe Gottes zum Menschen. Doch Liebe will mehr als Zeichen und Buchgeschenke. Liebe will nicht nur den kleinen Finger. Sie gibt sich auch mit der ganzen Hand nicht zufrieden, sondern sie will den

andern mit Haut und Haar. Mit seiner Menschwerdung in Jesus tut Gott diesen atemberaubenden Schritt, der nicht mehr zu überbieten ist: Er schenkt dem Menschen nicht etwas, sondern sich selbst.
Er zeigt ihm nicht eine Sache, sondern sich selber höchst persönlich. Er berührt den Menschen nicht von außen, sondern er geht ihn von innen an. Das Menschsein selber ist der Ort, wo Gott ganz und gar gegenwärtig ist. Um Gott zu finden, muss der Mensch nicht mehr in die Ferne schweifen. Er braucht nicht nach oben zu schauen und sich nicht in Ekstasen zu entrücken. Es gilt vielmehr das Wort des heiligen Augustinus: Wenn du Gott suchst, gehe nicht nach draußen. In dich selbst gehe hinein, denn Gott wohnt im Innern des Menschen. Gott ist also nicht über oder neben dir, sondern er ist dir innerlicher, als du dir selber bist.
Diese Gegenwart Gottes in jedem Menschen gibt uns eine einmalige und unzerstörbare Würde. Der Mensch als Tempel Gottes ist heilig. Man hat immer wieder versucht, die Würde des Menschen unabhängig von Gott zu entwerfen. Aber diese Würfe verfehlen systematisch ihr Ziel. Münchhausen kann sich nicht am eigenen Haarschopf aus dem Sumpf ziehen. Auf Dauer führt das nur zu Haarausfall und Kopfweh. Ein selbsternannter Edelmann hat weder Noblesse noch blaues Blut. Adel gibt es durch Abstammung oder dadurch, dass beispielsweise eine Königin einen Untertanen adelt. Der Neandertaler reicht als Ahne nicht aus, um dem Menschen eine Würde zu verleihen. So braucht es neben der biologischen Ahnengalerie noch einen Akt, durch den der Mensch von oben geadelt wird. Indem Gott

selber Mensch wird, wird das Menschsein veredelt und göttlich gewürdigt.
Wenn Gott das Menschsein ganz angenommen hat, dann kann auch der Mensch ganz einfach Mensch sein, ohne sich permanent zu überfordern. Er muss sich nicht dauernd selber produzieren und sich beweisen, dass er jemand ist. Vielmehr ist jeder Mensch als solcher bereits geliebt und muss keine übermenschlichen Leistungen erbringen, um endlich wer zu sein.
Wenn der Mensch aus der Haut fahren will, darf er sich daran erinnern, dass Gott in die Haut des Menschen hinein gefahren ist. Wenn es Gott gäbe, so jammerte Nietzsche, könnte ich es nicht ertragen, kein Gott zu sein. Dabei hätte sich der Pfarrerssohn nur daran erinnern müssen, was die Christen an Weihnachten feiern: Dass Gott es nämlich nicht ertragen hat, kein Mensch zu sein – und zwar nicht aus Neid, denn beneidenswert ist der Mensch aus göttlicher Perspektive nun wirklich nicht, sondern aus Liebe. Mit der Menschwerdung Gottes in Jesus Christus kommt es zu einer Art Blutaustausch für die gesamte Menschheit. Durch die Fleischwerdung Gottes pulst das Blut Christi durch alle menschlichen Adern und macht jeden Mann und jede Frau zu Blutsverwandten Gottes. Als Schwestern und Brüder Jesu Christi sind alle Menschen zugleich auch leibhaftige Kinder Gottes.
Hier liegt die tiefste Begründung für die Würde aller Menschen, die ihnen vom Anfang bis zum Ende ihres Lebens zukommt und ihnen von niemandem abgesprochen werden kann. Als Kinder des einen Vaters sind alle Menschen gleich. Diese Gleichheit

gibt der Demokratie ihr wahres Fundament. Rein menschlich gedacht ist das Unmenschliche immer verführerisch nahe: nämlich den Mitmenschen zum Untermenschen zu erklären um der eigenen Machtsteigerung willen. Die Variationen sind vielfältig: die nicht-arischen Juden als Nichtmenschen, die Schwarzen als geborenes Sklavenvolk, die Frauen als Menschen zweiter Klasse, die Ungeborenen als wuchernder Zellhaufen, an dem beliebig herumexperimentiert werden kann.

Die Menschwerdung Gottes aber adelt ausnahmslos jeden Menschen und dieser Adel verpflichtet unterschiedslos zur Achtung aller. Jeder Mensch ist einmalig, ein Original des großen Künstlers, der das gleiche Motiv in unendlich vielen Variationen jeweils als Meisterwerk gestalten kann. Niemand ist ein bloßes Abziehbild oder eine billige Kopie. Einen anderen Menschen äußerlich zu imitieren ist eine subtile Art des Selbstmords. Die Herstellung von genetischen Duplikaten durch Klonen kommt schließlich sogar der Fälschung eines Kunstwerks gleich.

Wenn Gott Leib und Schicksal eines Menschen angenommen hat, so übt er darin wahre Solidarität mit seiner Schöpfung. Er sieht die Welt nicht mehr von oben herab, sondern sieht die Schöpfung mit den Augen eines Geschöpfes. Es gilt: Nichts Menschliches ist Gott fremd. Und dem Menschen gehen endlich die Augen auf und er sieht, wie Gott ist: väterlich, mütterlich, kindlich, geschwisterlich.

Der Mensch darf nun erleben, dass er kein Vagabund ist, den es auf ein verlorenes und vergessenes Planetchen am Rand des Weltalls verschlagen hat. Er ist kein Produkt eines blinden Zufalls, der dazu noch taub ist für die Musik des Menschen und gleichgültig gegenüber seinen Tränen. Vielmehr hat die unendliche Kraft, die das Universum verantwortet, das endliche Geschöpf „Mensch“ liebevoll im Blick. Und weil Liebe Nähe sucht, hat die Allmacht die Ohnmacht gewählt. Die Energie, welche die Sterne trägt, ist in einem Säugling zu finden. Gott wird ein Kind, vor welchem kein Mensch Angst haben kann. Das Göttliche ist im Kindlichen zu finden. Gott macht sich so klein, dass sich auch der Mensch klein machen muss, um sich dem unendlich Großen zu nähern. Der Erwachsene geht vor einem Kind in die Knie und begegnet Gott in Augenhöhe. Wer Gott also sehen will, darf sich selber nicht groß machen. Wenn er sich aber bückt, wird er Liebe finden, die ihn unendlich groß macht.

Wenn der Mensch Bild Gottes ist, so bedeutet das schließlich auch, dass das ganz normale menschliche Leben das bevorzugte Gelände ist, in dem Gottes Spuren zu finden sind. Man braucht Gott nicht mehr im Außergewöhnlichen suchen, in extravaganten Wundern oder in Psi-Phänomenen. Man braucht auch keine weiten Wallfahrten zu besonderen Heilern zu unternehmen oder sich in karge Ashrams zu flüchten. Das Göttliche ist im Menschlichen zum Greifen nahe. Manch wundersüchtigem Zeitgenossen wird dies zu banal sein. Aber eben das ganz banale, alltägliche, menschliche Leben wird zur Folie des Göttlichen, die es nur zu lesen gilt. Dazu benötigt man eine Art von 3-D-Brille, die einem die Tiefe erst erschließt, die man auf dem Flachbildschirm sonst nicht wahrnehmen kann. Die Sprache des bloßen Feststellens kommt über das Oberflächliche nicht hinaus. Die Sprache der Poesie dagegen kann durch das Vieldeutige auf Dimensionen hinweisen, die in der Tiefe liegen. Gedichte wollen aufhorchen lassen und dazu anregen, genauer hinzuschauen. In einem zweiten Hinblick kann auch in den anscheinend banalen Situationen des Alltags ein „mehr" entdeckt werden. „Gott ist da und ich wusste es nicht", staunt der biblische Jakob (Gen 28,16). So kann sich zeigen, dass Gott in der menschlichen Geschichte, im Suchen und Wandern den Menschen angeht. Letztlich geht es darum, sich im Blick auf alles Menschliche von Gott anschauen zu lassen.

Inhalt

Die mit * gekennzeichneten Gedichte
wurden bei Lyrik-Wettbewerben ausgezeichnet
und entsprechend bereits veröffentlicht.

Aufbruch

unterwegs

Begegnungen

immer weiter

an den Grenzen

Entgrenzungen

ANDREAS KNAPP, geboren 1958 in Hettingen (Baden); Priester; nach der Promotion langjährige Tätigkeit in der Hochschulseelsorge und in der Priesterausbildung in Freiburg; seit 2000 Mitglied der Ordensgemeinschaft der „Kleinen Brüder vom Evangelium"; lebt derzeit in Leipzig; mehrere literarische Auszeichnungen für sein lyrisches Werk.

Weitere Bände von Andreas Knapp im Echter Verlag:
Weiter als der Horizont. Gedichte über alles hinaus (10. Auflage)
Brennender als Feuer. Geistliche Gedichte (9. Auflage)
Tiefer als das Meer. Gedichte zum Glauben (7. Auflage)
Höher als der Himmel. Göttliche Gedichte (5. Auflage)
Heller als Licht. Biblische Gedichte (6. Auflage)
Ausblick ins Unendliche (mit Fotos von Barbara Wolfers)
Mit Engeln und Eseln. Weise Weihnachtsgeschichten (7. Auflage)

Bibliografische Information der Deutschen Nationalbibliothek:
Die Deutsche Nationalbibliothek verzeichnet diese Publikation in der Deutschen Nationalbibliografie; detaillierte bibliografische Daten sind im Internet über http://dnb.d-nb.de abrufbar.

Klimaneutrale Produktion.
Gedruckt auf umweltfreundlichem, chlorfrei gebleichtem Papier.

6. Auflage 2026

Echter Verlag | Dominikanerplatz 8 | 97070 Würzburg
Tel. 0931 66068-0 | info@echter-verlag.de

Umschlaggestaltung und Satz: Peter Hellmund
Druck und Bindung: Rudolph Druck GmbH & Co. KG, Schweinfurt
Printed in Germany
ISBN: 978-3-429-03039-1

www.echter.de